CHOIX

DE

CANTIQUES

POUR

TOUTES LES FÊTES DE L'ANNÉE

VENDOME

IMPRIMERIE LEMERCIER

1853

LYCÉE IMPÉRIAL DE VENDOME.

CHOIX

DE

CANTIQUES.

La musique de ces Cantiques se trouve à Paris, chez RICHAULT,
éditeur de musique, boulevard Poissonnière.

CHOIX

DE

CANTIQUES

POUR

TOUTES LES FÊTES DE L'ANNÉE.

VENDOME

IMPRIMERIE LEMERCIER.

1855

CHOIX

DE

CANTIQUES.

POUR L'AVENT.

LE GENRE HUMAIN AVANT LA VENUE DU MESSIE.

Des temps marqués par les décrets célestes
Le trop long cours enfin va s'achever ;
Le jour, chassant des ténèbres funestes,
Du haut des cieux enfin va s'élever.   (*bis.*)

Fils malheureux d'un trop coupable père,
Nous partagions son déplorable sort ;
Le cœur souillé d'un crime héréditaire,
Nous gémissions dans l'ombre de la mort.   (*bis.*)

Mais une mort encor plus redoutable
Nous condamnait à d'éternels tourments ;
Et dans le ciel un juge inexorable
Nous attendait à nos derniers moments.   (*bis.*)

Hélas ! plongés dans ce profond abîme,
A tant de maux qui pourra nous ravir ?
Notre blessure est aussi notre crime ;
Quelle est la main qui pourra nous guérir ?   (*bis.*)

Viens, ô Jésus! réparer ton ouvrage;
Quitte le sein de ton éternité;
Toi seul peux rendre à ta coupable image
Sa forme antique et toute sa beauté.   (*bis.*)

O cieux! laissez tomber votre rosée,
Et que la terre à l'univers perdu
Produise enfin, par vous fertilisée,
Le Rédempteur si longtemps attendu.   (*bis.*)

ATTENTE DU MESSIE.

Venez, Verbe adorable,
Guérir des cœurs que vous aimez;
Venez, joie ineffable :
Venez, venez, venez.

Quoi! faudra-t-il gémir toujours
Sans espérance de secours?
A vous seul le monde a recours.
Venez, enfant aimable,
Guérir ces cœurs que vous aimez;
Venez, Verbe adorable :
Venez, venez, venez.

Venez dompter nos ennemis,
Seigneur, vous nous l'avez promis :
Ce doux espoir nous est permis.
L'enfer nous fait la guerre,
Et vos enfants sont enchaînés;
Descendez sur la terre :
Venez, venez, venez.

Quand paraîtra ce cher enfant?
Qu'il tarde son avénement,
Qui doit finir ce long tourment!

A d'éternelles peines
Les hommes sont-ils condamnés?
  Venez briser nos chaînes :
  Venez, venez, venez.

Puissions-nous voir les cieux ouverts,
Malgré la rage des enfers !
Hâtez-vous de briser nos fers;
  Rendez-nous l'héritage
Des cieux, que vous nous destinez;
  Réparez votre ouvrage :
  Venez, venez, venez.

Déjà le ciel est plus serein;
Un ange annonce au genre humain
Qu'il est né, cet enfant divin.
  O soleil de justice !
Par vos purs rayons éclairez
  Notre affreux précipice :
  Venez, venez, venez.

Déjà les plus charmants concerts
Se font entendre dans les airs :
Vous ferez grâce à l'univers.
  Nous vous voyons descendre;
Que de trésors nous sont donnés !
  Quels biens vont se répandre !
  Venez, venez, venez.

VENUE PROCHAINE DU MESSIE.

Enfin l'heureux moment s'avance,
Un Dieu vient essuyer nos pleurs;
Il va combler notre espérance
Et mettre fin à nos malheurs.

Nous le verrons bientôt éclore,
Ce jour promis à notre foi.

Viens dissiper, brillante aurore,
Les ombres de l'antique loi.
    Enfin, etc.

Fille des rois, ô Vierge aimable !
Parais, sors de l'obscurité,
Et reçois le prix ineffable
Que tes vertus ont mérité.
    Enfin, etc.

Les serments du Dieu très-fidèle,
O Vierge ! se sont accomplis
Quel bonheur pour une mortelle !
Un Dieu va devenir ton fils.
    Enfin, etc.

Mortels, d'une tige coupable
Rejetons en naissant flétris,
Dieu brise le joug déplorable
Qui chargeait nos aïeux proscrits.
    Enfin, etc.

Mais Dieu même en ce jour nous presse,
Ne résistons plus à sa voix ;
Sachons répondre à sa tendresse,
En nous soumettant à ses lois.
    Enfin, etc.

Il répand des grâces nouvelles
Sur ses plus généreux enfants ;
Soyons-lui donc toujours fidèles,
Comme il le fut à ses serments.

    Enfin l'heureux moment s'avance,
    Un Dieu vient essuyer nos pleurs ;
    Il va combler notre espérance
    Et mettre fin à nos malheurs.

BIENFAITS DE LA VENUE PROCHAINE DU MESSIE.

Douce espérance !
L'objet de nos désirs
Par sa naissance
Va calmer nos soupirs.
Attendri par nos pleurs,
Sensible à nos malheurs,
Bientôt par sa présence
Il charmera nos cœurs.
Douce espérance !

Sort déplorable !
Qu'étions-nous devenus ?
Père coupable,
Tu nous avais perdus.
Peuple déshérité,
Nous aurions tous porté
L'anathème effroyable
De l'ange révolté.
Sort déplorable !

Triste sentence !
Bientôt tu vas cesser :
Par sa naissance
Jésus va t'effacer.
Bientôt viendra le jour :
Fais place à son amour,
Et devant sa clémence
Disparais sans retour.
Triste sentence !

Sainte victime !
Adorable Sauveur !
Au noir abîme
Arrache le pécheur.
Eloigne la terreur

De l'éternel malheur ;
Viens effacer son crime,
Et rends-lui le bonheur,
    Sainte victime !

    Verbe adorable !
Descends du haut des cieux ;
    Lumière aimable,
Viens éclairer nos yeux.
Déjà l'aurore luit
Et dissipe la nuit ;
Sa clarté favorable
Près de toi nous conduit,
    Verbe adorable !

    Il va paraître,
Le Fils de l'Eternel ;
    Ce divin Maître
Répond à notre appel :
C'est le Dieu tout-puissant.
Sur un trône éclatant
Ce grand Dieu pouvait naître ;
Mais dans l'abaissement
    Il va paraître.

POUR LE TEMPS DE NOEL.

ÉLÉVATIONS A L'ENFANT JÉSUS.

    Divin Enfant !
Devant la crèche où ma foi te contemple,
    Je me prosterne en t'adorant
    Comme l'Etre infiniment grand.
    Pour moi ton étable est un temple,
    Divin Enfant !

    Paisible Enfant !
N'est-ce pas toi dont le bruyant tonnerre

Eclate dans le firmament ?
Je te vois couché pauvrement
Dans une humble grotte, sous terre.
    Paisible Enfant !

    Auguste Enfant !
N'est-ce pas toi qui, dans ton être immense,
  Vois tout cet univers flottant ?
  Ah ! combien faible cependant
  Nous paraît ici ta puissance,
    Auguste Enfant !

    Aimable Enfant !
Verbe de Dieu que l'univers adore,
  Dont la parole en un instant
  Tira le monde du néant :
  Ah ! tu ne peux parler encore,
    Aimable enfant !

    Docile Enfant !
Maître suprême à qui, dans la nature,
  Tout obéit si constamment,
  Ton plaisir sera maintenant
  D'obéir à ta créature,
    Docile enfant !

    O saint Enfant !
Ta pauvreté, ton extrême bassesse,
  Ne disent que trop hautement :
  Anathème à l'attachement
  Pour le monde et pour la richesse,
    O saint Enfant !

    Divin Enfant,
Je vois l'effet de ton amour extrême,
  Dans cet état d'abaissement :
  Tu descends jusqu'à mon néant,
  Pour m'élever jusqu'à toi-même,
    Divin Enfant !

VOCATION DES MAGES.

Quel nouvel astre nous éclaire,
Et quel est cet enfant nouveau?
J'aperçois les grands de la terre
Accourir auprès d'un berceau.
Je veux, à l'exemple des Mages,
Offrir mes dons à cet enfant,
Je veux apporter mes hommages
Au berceau de Jésus naissant.

Bis.

Mais une céleste lumière
En ce moment brille à leurs yeux;
Leur foi perce l'humble mystère
Qui leur cache le Roi des cieux.
Ils sont descendus de leur trône,
Ils ont traversé les déserts :
Voilà qu'ils offrent leur couronne
Au Créateur de l'univers.

Bis.

Au milieu d'un peuple infidèle
Retournez, Mages trop heureux;
Portez-lui la bonne nouvelle
D'un Sauveur descendu des cieux.
Apôtres de ce divin maître
Et ses premiers prédicateurs,
D'avance faites-le connaître :
Allez lui préparer les cœurs.

Bis.

Des Mages imitant le zèle,
Je veux mettre un jour mon bonheur
A former l'enfance fidèle
Aux divines lois du Seigneur :
Heureux si je puis de bonne heure
Préparer un cœur innocent
A servir de sainte demeure
Et de trône au Dieu tout-puissant.

Bis.

O Jésus! ô mon divin frère!
Que ne m'a-t-il été donné
De soulager votre misère,
Comme le Mage fortuné!
Mais je retrouve votre enfance
Dans un enfant pauvre et souffrant ;
En soulageant son indigence,
A Jésus j'offre mon présent.

} *Bis.*

MODÈLE DE L'ENFANCE CHRÉTIENNE.

Divine enfance de Jésus,
Soyez notre unique modèle :
Heureux l'enfant à vous suivre fidèle,
Qui de bonne heure imite vos vertus!
Accoutumé dès sa naissance
Au joug aimable du Sauveur,
Même au milieu d'un monde séducteur
Il conserve son innocence.   (*bis.*)

Malgré le trouble et le danger,
Et sans retourner en arrière,
D'un pas constant il parcourt la carrière,
Où vous daignez, Seigneur, le protéger.
En tout temps, par la vigilance
Contre le vice il est armé ;
Comme une fleur dans un jardin fermé,
Il conserve son innocence.   (*bis.*)

L'homme, ébloui par les grandeurs,
Les cherche au péril de sa vie ;
Mille rivaux qu'arme la jalousie
Souillent de sang leurs coupables honneurs.
Mais lui, d'un œil d'indifférence
Il verrait la pourpre des rois ;
Il fuit la gloire, il a choisi la croix,
Il conserve son innocence.   (*bis.*)

De la vieillesse des mondains
L'amour de l'or fait le supplice ;
Les fruits, hélas ! d'une longue injustice
Vont donc bientôt s'échapper de leurs mains !
  Mais pour lui, dans les cieux d'avance
  Il a placé tout son trésor ;
Sur son vieux front la gaîté brille encor,
  Il a conservé l'innocence.   *(bis.)*

  Trépas cruel ! triste départ !
  Dit l'impie au moment suprême ;
Mais de la mort, pour celui qui vous aime,
Divin Jésus, vous émoussez le dard :
  Il attendait sa délivrance.
  Heureux départ ! ô doux trépas !
Paisiblement il s'endort dans vos bras ;
  Il a conservé l'innocence.   *(bis.)*

BONHEUR DE L'INNOCENCE.

  Heureux qui, dès son enfance,
  Soumis aux lois du Seigneur,
  N'a pas avec l'innocence
  Perdu la paix de son cœur !

Chéri de celui qu'il adore,
Son bonheur le suit en tout lieu :
Que peut-il désirer encore,
Quand il est l'ami de son Dieu ?
    Heureux, etc.

En vain la fortune couronne
Du pécheur les moindres désirs :
Le remords cruel empoisonne
Les plus vantés de ses plaisirs.
    Heureux, etc.

Qui se laisse prendre à tes charmes,
Trop séduisante volupté !
Paiera bientôt de ses larmes
Le plaisir qu'il aura goûté.
    Heureux, etc.

Le moment d'une folle ivresse
Fait place à celui des regrets ;
Ce bonheur qu'il poursuit sans cesse,
Le mondain ne l'aura jamais.
    Heureux, etc.

Seigneur, de ma tranquille vie
Rien ne saurait troubler le cours :
La paix ne peut être ravie
A qui veut vous aimer toujours.
    Heureux, etc.

Cette croix où Jésus expire
Change mes peines en douceurs ;
Si quelquefois mon cœur soupire,
C'est que je songe à ses douleurs.
    Heureux, etc.

L'espoir d'une gloire immortelle
Et d'un bonheur toujours nouveau
Sème de fleurs pour le fidèle
Les bords désolés du tombeau.
    Heureux, etc.

Mon Dieu ! j'y descendrai sans crainte,
Espérant, des bras de la mort,
Voler vers ta demeure sainte,
En chantant dans un doux transport :
    Heureux, etc.

POUR LE CARÊME.

L'ÉGLISE INVITE A LA PÉNITENCE.

Du fond du sanctuaire une voix solennelle
A fait entendre au loin ses lugubres accents.
De l'Epouse du Christ c'est la voix maternelle :
Chrétiens, écoutons-la, nous sommes ses enfants.

Pécheurs ! a-t-elle dit, mettez fin à vos crimes ;
Craignez que, pour punir vos superbes dédains,
L'Eternel irrité ne marque ses victimes,
Et ne laisse échapper la foudre de ses mains !
 Du fond du sanctuaire, etc.

Du Seigneur vous avez provoqué la vengeance,
De sa gloire sur vous devenez les vengeurs ;
N'attendez pas qu'il frappe, et de la pénitence
Déployez contre vous les sévères rigueurs.
 Du fond du sanctuaire, etc.

Voici le temps propice et les jours favorables :
Dieu se tait ; il attend, quand il pourrait tonner.
Ah ! ne méprisez point ses délais adorables !
Il a droit de punir, mais il veut pardonner.
 Du fond du sanctuaire, etc.

De l'Eglise à mon cœur la voix s'est fait entendre ;
Et si par mes excès j'ai pu jusqu'à ce jour
Désoler une mère et si bonne et si tendre,
Par mon retour je veux consoler son amour.
 Du fond du sanctuaire, etc.

Fidèle observateur de la sainte abstinence,
Dans les privations je trouve des douceurs ;

Trop heureux mille fois, si, dans son indulgence,
Le Ciel daigne à ce prix oublier tant d'erreurs !
   Du fond du sanctuaire, etc.

Hélas ! depuis longtemps exilé de moi-même,
J'ai vu mon âme errer au gré de ses désirs,
Abandonner son Dieu, source du bien suprême,
Et chercher son bonheur parmi de vains plaisirs.
   Du fond du sanctuaire, etc.

Mais je veux m'arracher aux pensers de la terre,
Méditer du salut les saintes vérités,
Et puiser dans ces jours de grâce et de lumière
Un saint dégoût du monde et de ses vanités.
   Du fond du sanctuaire, etc.

NÉCESSITÉ DE SE CONVERTIR A LA VOIX DU SEIGNEUR.

Parle, parle, Seigneur ! ton serviteur écoute :
Je dis ton serviteur, car enfin je le suis ;
Je le suis, je veux l'être, et marcher dans ta route,
   Et les jours et les nuits.

Remplis-moi d'un esprit qui me fasse comprendre
Ce qu'ordonnent de moi tes saintes volontés,
Et réduis mes désirs au seul désir d'entendre
   Tes hautes vérités.

Mais désarme d'éclairs ta divine éloquence,
Fais-la couler sans bruit au milieu de mon cœur ;
Qu'elle ait de la rosée et la vive abondance
   Et l'aimable douceur.

Je n'ai point de frayeur, alors que je te prie,
Je te fais d'autres vœux que les fils d'Israël ;
Et, plein de confiance, humblement je m'écrie
   Avec ton Samuel :

« Quoique tu sois le seul qu'ici-bas je redoute,
Avec toi seul, Seigneur, je veux m'entretenir ;
Parle donc, ô mon Dieu ! ton serviteur écoute,
    Et te veut obéir. »

Tes prophètes, Seigneur, ont beau crier et dire,
Ce ne sont que des voix, ce ne sont que des cris,
Si pour en profiter l'esprit qui nous inspire
    Ne touche nos esprits.

Silence donc, Moïse ; et toi, parle en sa place,
Eternelle, immuable, immense vérité ;
Parle, parle, Seigneur, et fais fondre la glace
    De ma stérilité.

Parle donc, ô mon Dieu ! ton serviteur fidèle,
Pour écouter ta voix, réunit tous ses sens ;
Il trouve les douceurs de la vie éternelle
    Dans tes divins accents.

Parle pour consoler mon âme inquiétée,
Parle pour la conduire à quelque amendement,
Parle, afin que ta grâce en moi plus exaltée
    Croisse éternellement.

P. CORNEILLE.

RÉFLEXION SUR CES PAROLES : MEMENTO, HOMO, &c.

Où prends-tu ta fière arrogance,
O mortel ! d'où vient ton orgueil ?
Cendre et poussière en ta naissance,
Cendre et poussière en ton cercueil.

Ah ! ne perds jamais la mémoire
De ce jour où tu dois finir ;
On foule aux pieds la fausse gloire,
En rappelant ce souvenir.
    Où prends-tu, etc.

Laisse là le soin des richesses
Qui te vient sans cesse agiter ;
En vain pour elles tu t'empresses,
Il les faudra bientôt quitter.
    Où prends-tu, etc.

Les plaisirs flattent ton envie,
Leur douceur séduit aisément ;
Mais souviens-toi qu'avec la vie
Ils passeront dans un moment.
    Où prends-tu, etc.

Où sont-ils, ces foudres de guerre
Qui faisaient trembler l'univers ?
Ce n'est plus qu'un peu de poussière,
Reste qu'ont épargné les vers.
    Où prends-tu, etc.

Puisqu'au monde il n'est rien de stable,
Que tout passe et fuit à nos yeux,
Si nous voulons un bien durable,
Ne le cherchons que dans les cieux.
    Où prends-tu, etc.

CONTRE L'ORGUEIL DE LA VAINE SCIENCE.

Le désir de savoir est naturel aux hommes,
Presque avec eux il naît et ne meurt qu'avec eux ;
Mais c'est Dieu, dont la main nous fait ce que nous sommes,
Et que peuvent sans lui ces esprits orgueilleux ?

Un pauvre paysan, dans son humble ignorance,
Qui ne sait que t'aimer et n'a que de la foi,
Vaut mieux qu'un philosophe enflé de sa science,
Qui pénètre les cieux sans réfléchir sur soi.

Qui se connaît soi-même en a l'âme peu vaine ;
En se connaissant bien, il s'estime à bas prix ;
Et tout le faux éclat de la louange humaine
N'est pour lui que l'objet d'un généreux mépris.

Au grand jour du Seigneur, sera-ce un grand refuge
D'avoir connu de tout et la cause et l'effet ?
Et ce qu'on aura su fléchira-t-il un Juge
Qui ne regardera que ce qu'on aura fait ?

Les savants, d'ordinaire, aiment qu'on les regarde,
Qu'on murmure autour d'eux : Voilà ces grands esprits !
Et s'ils ne font du cœur une soigneuse garde,
De cet orgueil secret ils sont bientôt surpris.

Au reste, plus tu sais, et plus a de lumière
Le jour qui se répand sur ton entendement ;
Plus tu serais coupable à ton heure dernière,
Si tu n'avais vécu d'autant plus saintement.

Trouve à t'humilier même dans ta doctrine ;
Quiconque en sait beaucoup en ignore encor plus,
Et qui, sans se flatter, en secret s'examine,
Est de son ignorance heureusement confus.

P. Corneille.

SENTIMENTS DE PÉNITENCE.

Grand Dieu, par qui de rien toute chose est formée,
   Jette les yeux sur nos besoins divers ;
Romps ce fatal sommeil, par qui l'âme charmée }
   Dort en repos sur le bord des enfers. } *bis.*

Daigne, ô divin Sauveur, que notre voix implore,
   Prendre pitié des fragiles mortels,
Et vois comment du lit, sans attendre l'aurore,
   Le repentir nous traîne à tes autels.

Nous montrons à tes yeux nos maux et nos alarmes,
  Nous confessons tous nos crimes secrets ;
Nous t'offrons tous nos vœux, nous y mêlons nos larmes ;
  Que ta bonté révoque tes arrêts.

Ah ! que, prompt à guérir nos mortelles blessures,
  Ton feu divin, dans nos cœurs répandu,
Consume pour jamais leurs passions impures,
  Pour n'y laisser que l'amour qui t'est dû.

Effrayés des péchés dont le poids les accable,
  Tes serviteurs voudraient se relever :
Ils implorent, Seigneur, ta bonté secourable,
  Et dans ton sang cherchent à se laver.

Seconde leurs efforts, dissipe l'ombre noire
  Qui dès longtemps les tient enveloppés ;
Et que l'heureux séjour d'une immortelle gloire
  Soit l'objet seul de leurs cœurs détrompés.

J. RACINE.

PRIÈRE DU PÉCHEUR CONVERTI.

L'astre avant-coureur de l'aurore
Du soleil qui s'approche annonce le retour ;
Sous le pâle horizon l'ombre se décolore :
Lève-toi dans nos cœurs, chaste et bienheureux jour ! } bis.

Sois notre inséparable guide,
Du siècle ténébreux perce l'obscure nuit.
Défends-nous en tous temps contre l'attrait perfide
De ces plaisirs trompeurs dont la mort est le fruit.

Affermis l'âme qui chancelle ;
Fais que levant au ciel nos suppliantes mains,

Nous chantions dignement et ta gloire immortelle, ⎱ *bis.*
Et les biens dont ta grâce a comblé les humains. ⎰

Éteins ta foudre dans les larmes
Qu'un juste repentir mêle à nos chants sacrés,
Et que puisse ta grâce, où brillent tes doux charmes,
Te préparer un temple en nos cœurs épurés.

Brûle en nous de tes saintes flammes,
Tout ce qui de nos sens excite les transports,
Afin que, toujours prêts, nous puissions, dans nos âmes,
Du démon de la chair vaincre tous les efforts.

Pour chanter ici tes louanges,
Notre zèle, Seigneur, a devancé le jour ;
Fais qu'ainsi nous chantions un jour avec tes anges,
Les biens qu'à tes élus assure ton amour.

Père des anges et des hommes,
O saint Verbe, Esprit saint, profonde Trinité !
Sauve-nous, ici-bas, des périls où nous sommes,
Et qu'on loue à jamais ton immense bonté.

J. RACINE.

POUR LA SEMAINE SAINTE.

MARIE AU PIED DE LA CROIX.

Debout, près de la croix, la Mère de douleurs,
Quand son Fils expirait pour le salut du monde,
Languissante, exhalait sa tristesse profonde,
    Et se fondait en pleurs.

Sous le poids de ses maux gémissante, accablée,
Attachant sur la croix ses regards maternels,

Un glaive ensanglanté perçait de traits cruels
    Son âme désolée.

Oh ! que le ciel sur elle appesantit ses coups !
Combien fut rigoureux ce sanglant sacrifice,
Lorsqu'elle vit en proie au plus affreux supplice
    Son fils mourant pour nous !

Qui pourrait contempler les mortelles alarmes,
Et la mer d'amertume où fut plongé son cœur ?
Qui pourrait voir pleurer la Mère du Sauveur,
    Et retenir ses larmes ?

Comment être témoin de ce dernier adieu ?
Assister d'un œil sec aux douleurs du Calvaire,
Sur son fils expirant voir gémir une Mère,
    Et la Mère d'un Dieu !

Pour fléchir du Très-Haut la justice irritée,
Un Dieu souffre la mort : et les fouets des bourreaux
Par la rage animés font voler en lambeaux
    Sa chair ensanglantée.

Une mère, témoin des maux qu'il va souffrir,
Aux tourments de la crainte abandonne son âme,
Et son Fils innocent, sur une croix infâme,
    Rend le dernier soupir.

Mère du chaste amour, Vierge sainte, ô Marie !
Obtenez-moi le don de sentir vos douleurs.
Qu'en pleurant avec vous, de mes profanes pleurs
    La source soit tarie !

Des célestes ardeurs que mon cœur enflammé
Par votre exemple apprenne à s'immoler lui-même.
Mère de mon Sauveur, ah ! faites que je l'aime
    Et que j'en sois aimé.

Imprimez dans mon âme en traits ineffaçables
L'amour de votre Fils, le zèle de sa loi,
Et des tourments d'un Dieu, mort victime pour moi,
    Les traces adorables.

Qu'à cet objet chéri tout soit sacrifié :
Et puisse, au dernier jour de mon pèlerinage,
La mort, en me frappant, trouver en moi l'image
    D'un Dieu crucifié!

Puissé-je, en méditant ce consolant mystère,
Des profanes désirs voir s'éteindre le feu!
Puissé-je unir mes maux aux maux de l'Homme-Dieu
    Et d'une Vierge-Mère!

Que de l'amour divin suivant les saintes lois,
Je méprise, enivré de ses chastes délices,
Du monde et de la chair les douceurs corruptrices,
    Pour n'aimer que la croix!

Mère du Rédempteur, vous êtes mon refuge ;
De son juste courroux daignez me préserver.
Désarmez sa vengeance ; et faites-moi trouver
    Mon Sauveur dans mon Juge.

Qu'au jour de sa fureur la croix soit mon appui ;
Et que, par elle, en paix voyant briller sa gloire,
Je puisse sur l'enfer partager sa victoire
    Et régner avec lui.

LA CROIX, SALUT DES PÉCHEURS.

Croix auguste, croix consacrée
Par les soupirs de Jésus-Christ,
C'est vous qui fûtes arrosée
Du sang que ce Dieu répandit :
Vous vîtes la douleur amère
Que par amour il endura ;
Il vous rendit dépositaire
Des derniers mots qu'il proféra.   } *bis.*

Vous êtes cette chaire auguste
Où va s'instruire le pécheur :

Bientôt vous en faites un juste,
Et l'enfantez pour le Seigneur.
Vous êtes son char de victoire,
L'autel où ce Dieu meurt pour nous ;
Le tribunal où, dans sa gloire,
Il doit un jour nous juger tous.

} *bis.*

Quels gages voyons-nous éclore
Du rachat de tout l'univers !
De son sang la croix fume encore,
Et déjà sont brisés nos fers.
Vivez, mortels, dans l'espérance ;
Ce sang est un gage certain,
Un monument, une assurance,
De votre bienheureux destin.

Vous donc qui seule aux enfants d'Ève
Découvrez le chemin du ciel,
Croix, par qui le Sauveur s'élève
Jusques au sein de l'Eternel,
Toujours sur vos traces divines,
Nous jurons de fixer nos pas ;
Le chef est couronné d'épines,
Est-ce à nous d'être délicats ?

Heureux celui qui se repose
Toujours à l'ombre de la croix !
Si d'une main Dieu nous l'impose,
De l'autre il en soutient le poids :
Elle devient notre ressource,
Elle nous tend les bras à tous ;
C'est de cette abondante source,
Que tous les dons coulent sur nous.

SUR LA PASSION DE NOTRE SEIGNEUR J.-C.

—

Au sang qu'un Dieu va répandre
Ah ! mêlez du moins vos pleurs,

Chrétiens, qui venez entendre
Le récit de ses douleurs.
Puisque c'est pour vos offenses
Que ce Dieu souffre aujourd'hui
Animés par ses souffrances,
Vivez, et mourez pour lui.

Dans un jardin solitaire
Il sent de rudes combats :
Il prie, il craint, il espère ;
Son cœur veut, et ne veut pas.
Tantôt la crainte est plus forte.
Et tantôt l'amour plus fort ;
Mais enfin l'amour l'emporte,
Et lui fait choisir la mort.

Judas, que la fureur guide,
L'aborde d'un air soumis ;
Il l'embrasse, et ce perfide
Le livre à ses ennemis.
Judas, un pécheur t'imite,
Quand il feint de l'apaiser :
Souvent sa bouche hypocrite
Le trahit par un baiser.

On l'abandonne à la rage
De cent soldats inhumains ;
Sur son auguste visage
Les valets portent leurs mains.
Vous deviez, anges fidèles,
Témoins de ces attentats,
Ou le mettre sous vos ailes,
Ou frapper tous ces ingrats.

Ils le traînent au grand-prêtre,
Qui seconde leur fureur,
Et ne veut le reconnaître
Que pour un blasphémateur.
Quand il jugera la terre,
Ce Sauveur aura son tour :

Aux éclats de son tonnerre
Tu le connaîtras un jour.

Tandis qu'il se sacrifie,
Tout conspire à l'outrager.
Pierre lui-même l'oublie,
Et le traite d'étranger ;
Mais Jésus perce son âme
D'un regard tendre et vainqueur,
Et met d'un seul trait de flamme
Le repentir dans son cœur.

Chez Pilate on le compare
Au dernier des scélérats.
Qu'entends-je ? ô peuple barbare !
Tes cris sont pour Barrabas ;
Quelle indigne préférence !
Le juste est abandonné ;
On condamne l'innocence,
Et le crime est pardonné.

On le dépouille, on l'attache,
Chacun arme son courroux ;
Je vois cet agneau sans tache
Tombant presque sous les coups,
C'est à nous d'être victimes,
Arrêtez, cruels bourreaux !
C'est pour effacer vos crimes
Que son sang coule à grands flots.

Une couronne cruelle
Perce son auguste front ;
A ce chef, à ce modèle,
Mondains, vous faites affront.
Il languit dans les supplices,
C'est un homme de douleurs :
Vous vivez dans les délices,
Vous vous couronnez de fleurs.

Il marche, il monte au Calvaire,
Chargé d'un infâme bois :

De là, comme d'une chaire,
Il fait entendre sa voix :
Ciel, dérobe à la vengeance
Ceux qui m'osent outrager !
C'est ainsi, quand on l'offense,
Qu'un chrétien doit se venger.

Une troupe déchaînée
L'insulte et crie à l'envi :
Qu'il change sa destinée,
Et nous croirons tous en lui.
Il peut la changer sans peine,
Malgré vos nœuds et vos clous ;
Mais le nœud qui seul l'enchaîne,
C'est l'amour qu'il a pour nous.

Ah ! de ce lit de souffrance,
Seigneur, ne descendez pas ;
Suspendez votre puissance,
Restez-y jusqu'au trépas.
Mais tenez votre promesse,
Attirez-nous près de vous ;
Pour prix de votre tendresse,
Puissions-nous y mourir tous !

Il expire, et la nature
En lui pleure son auteur ;
Il n'est point de créature
Qui ne marque sa douleur.
Un spectacle si terrible
Ne pourra-t-il me toucher ?
Et serai-je moins sensible
Que n'est le plus dur rocher !

Fénelon.

POUR PAQUES.

JOIE DES CHRÉTIENS A LA RÉSURRECTION DU SAUVEUR.

Dans les transports d'une vive allégresse,
Chrétiens, chantons ce jour trois fois heureux :
Le Dieu sauveur, fidèle à sa promesse,
Sort du tombeau vivant et glorieux.
   Honneur et gloire
   Au Dieu sauveur !
   Par sa victoire
  Il nous rend au bonheur.

Juif, tu disais : Le Christ enfin succombe ;
Son souvenir, de la terre effacé,
Dort pour jamais avec lui dans la tombe :
Ainsi parlait ton orgueil insensé.
   Honneur, etc.

Sur sa victime en vain ta fureur veille,
En vain tu crois triompher du Dieu fort ;
De son tombeau Jésus enfin s'éveille
Et fait trembler les portes de la mort.
   Honneur, etc.

Loin du tombeau ta pierre est repoussée,
Tes sceaux brisés, tes soldats renversés ;
Bientôt je vois leur troupe dispersée
Vers ta cité s'enfuir à pas pressés.
   Honneur, etc.

Peuple aveuglé, ta fureur impuissante
Rend son triomphe encor plus éclatant ;
Les soins déçus de ta haine prudente
Sont de ma foi le plus sûr fondement.
   Honneur, etc.

Au crime en vain tu joindras l'imposture,
Et l'on dira bientôt dans l'univers
Que mon Sauveur, maître de la nature,
A terrassé la mort et les enfers.
Honneur, etc.

Je fermerai les yeux à la lumière,
Mais par Jésus un jour ressuscité,
Je sortirai du sein de la poussière
Brillant de gloire et d'immortalité.
Honneur, etc.

ANCIEN CANTIQUE.

Peuple fidèle,
Ferme ton cœur
A la douleur ;
Ton Roi t'appelle,
Il est vainqueur.
Le Seigneur est ressuscité,
Les chants de joie ont éclaté,
Et jusqu'aux cieux je vois son nom porté.

Tu viens de naître,
Éclat nouveau
D'un jour si beau :
Jésus en maître,
Sort du tombeau.
Le Seigneur, etc.

O Madeleine !
Suis de ton cœur
La douce ardeur ;
L'amour t'amène
Vers ton Sauveur.
Le Seigneur, etc.

Heureux Apôtres,
Accourez tous
A ses genoux ;
A tous les vôtres,
Dieu, montrez-vous.
Le Seigneur, etc.

La foi s'étonne ;
Mais Jésus-Christ
L'avait prédit :
L'enfer frissonne,
La mort gémit.
Le Seigneur, etc.

Quoi ! cette garde
Est contre lui
Tout votre appui ?
Il la regarde,
Et tous ont fui.
Le Seigneur, etc.

La sentinelle
Qui tant dormit
Toute la nuit,
Comment vit-elle
Qu'on le ravit ?
Le Seigneur, etc.

Chants de victoire,
Louange, honneur
Au Rédempteur :
Ah ! que de gloire !
Quelle grandeur !
Le Seigneur, etc.

PREMIÈRE COMMUNION.

L'ENFANT CHRÉTIEN EN PRÉSENCE DE DIEU.

O mon Dieu, toute la nature
Est votre auguste et saint portrait.
La plus modeste créature
De vous nous montre quelque trait.
Dans l'aquilon votre voix gronde ;
Puis, de votre haleine féconde
Vous embaumez les jeunes fleurs ;
La foudre porte vos menaces,
Puis on revoit vos bonnes grâces
Dans l'arc-en-ciel aux sept couleurs.

Pour éviter votre présence,
Où pourrais-je fuir, ô mon Dieu ?
Au sein de l'étendue immense,
Loin de vous, où trouver un lieu ?
En vain je monte au ciel sublime,
En vain de l'infernal abîme
Je visite les profondeurs :
L'enfer est plein de vos colères,
Le ciel est plein de vos lumières,
Et l'univers de vos grandeurs.

Comme la lumière pénètre
Le limpide cristal des eaux,
Ainsi, mon Dieu, je sens votre être
Pénétrer ma chair et mes os.
Soit que je dorme ou que je veille,
Fixée à mon cœur, votre oreille
En compte tous les mouvements.
Pieux, j'éprouve votre grâce ;
Criminel, j'entends la menace
De vos terribles châtiments.

CANTIQUE D'OUVERTURE.

De la foi la clarté brillante
Éclaire mes pas et m'instruit ;
Et sa lumière étincelante
Confond l'erreur qui m'a séduit.

Du haut de la voûte azurée
Un Dieu descend dans ces augustes lieux ;
Relève ta tête sacrée,
Religion, noble fille des cieux.

Dans une pompe solennelle,
Il va, de ses divines mains,
Sceller l'alliance éternelle
Qu'il a faite avec les humains.
    Du haut, etc.

Le chœur des Anges, qui s'incline
Au pied de son trône éternel,
Devant la Majesté divine,
Chante déjà l'hymne immortel.
    Du haut, etc.

Puissé-je, à l'exemple des Anges,
Épris de ses divins attraits,
Avec d'immortelles louanges,
Éterniser tous ses bienfaits !
    Du haut, etc.

La paix qui règne en cette enceinte
Tient ici mes sens enchantés :
Je crois voir, en la cité sainte,
Le torrent de ses voluptés.
    Du haut, etc.

AU MOMENT DE FAIRE SA PREMIÈRE COMMUNION.

O saint autel qu'environnent les Anges,
Qu'avec transport aujourd'hui je te vois !
Ici, mon Dieu, l'objet de mes louanges,
M'offre son corps pour la première fois.   (*bis.*)

O saint transport ! ô divine allégresse !
Déjà mon cœur s'unit au Roi des rois ;
Il est à moi, le Dieu de ma jeunesse,
Je suis à lui pour la première fois.

O Chérubins qui l'adorez sans cesse,
Ainsi que vous je l'adore et je crois !
Mais devant lui soutenez ma faiblesse,
Et me guidez pour la première fois.

O jour heureux, jour céleste et propice,
A vous bénir je consacre ma voix !
Le Dieu vivant s'immole en sacrifice,
Et me nourrit pour la première fois.

Embrasez-moi, Dieu d'amour et de gloire,
Du feu sacré de vos plus saintes lois ;
Et pour toujours gravez dans ma mémoire
Ce que je fais pour la première fois.

PENTECOTE ET AU SAINT-ESPRIT.

INVOCATION A L'ESPRIT SAINT.

Du Très-Haut lumière éternelle,
Esprit saint, doux consolateur,
Ah ! venez de la loi nouvelle
Nous faire goûter la douceur.

Embrasez des plus pures flammes,
Seigneur, vos lévites sacrés,
Et daignez préparer nos âmes
A vos oracles révérés.

La voix de Dieu s'est fait entendre ;
Lui-même, il instruit les mortels ;
Lui-même il daigne leur apprendre
Ses lois, ses décrets éternels.

    Embrasez, etc.

Bénissez, Seigneur, votre ouvrage ;
Guidez, affermissez nos pas ;
Digne appui de notre courage,
Couronnez enfin nos combats.

    Embrasez, etc.

Nous implorons votre assistance,
Esprit saint, Dieu de vérité ;
Dans la nuit de notre ignorance,
Faites luire votre clarté.

    Embrasez, etc.

Conduisez-nous à la sagesse,
Ouvrez-nous vos divins trésors ;
Si vous n'aidez notre faiblesse,
Que peuvent nos faibles efforts ?

    Embrasez, etc.

SUR LE RESPECT HUMAIN.

Bravons les enfers,
Brisons tous nos fers,
Sortons de l'esclavage ;

Unissons nos voix,
Rendons à la croix
Un sincère et public hommage.

Jurons haine au respect humain,
Brisons cette idole fragile :
Sur ses débris que notre main
Élève un trône à l'Évangile.
    Bravons, etc.

Partout flottent les étendards
Qu'arbore à nos yeux la licence ;
Faisons briller à ses regards
La bannière de l'innocence.
    Bravons, ect.

Tandis que sur le champ d'honneur
La valeur signale les braves,
On me verrait, lâche et sans cœur,
Traînant les chaînes des esclaves ?
    Bravons, etc.

Quoi ! vous rougissez, vils mortels,
Honteux d'être vus dans un temple,
Adorant au pied des autels
Le grand Dieu que le ciel contemple.
    Bravons, etc.

Esclaves du respect humain,
Allez dans le fond des abîmes ;
Allez, maudits : sachez enfin
Quel fut le plus grand de vos crimes.
    Bravons, etc.

Seigneur, ton sang sera le mien :
Tant qu'il coulera dans mes veines
Quelques gouttes du sang chrétien,
Monde, tes menaces sont vaines.
    Bravons, etc.

Divin roi, jusqu'à mon trépas
Mon cœur te restera fidèle :

Puisse la croix, guidant mes pas,
Me voir tomber, mourir près d'elle !

Bravons les enfers,
Brisons tous nos fers,
Sortons de l'esclavage ;
Unissons nos voix,
Rendons à la croix,
Un sincère et public hommage.

INVOCATION A MARIE.

Reine des cieux, ô Vierge immaculée,
Dont mon amour dès longtemps a fait choix ;
Baume céleste, ô lis de la vallée,
A te chanter je consacre ma voix !
Aimable Reine, ô divine Marie !
Mon cœur en toi met son plus doux espoir..... } bis.
   Et j'aspire, ô Mère chérie,
   A te voir aux cieux, à te voir !

Mère d'amour, de gloire et d'innocence,
Prête aujourd'hui l'oreille à mes accents !.
Que ton beau nom, ô fleur de l'espérance,
Soit désormais le plus doux de mes chants !
Puisse ma voix, ô divine Marie !
Monter vers toi comme l'encens du soir ! } bis.
   Car j'aspire, ô Mère chérie,
   A te voir aux cieux, à te voir !

Au malheureux tu fus toujours propice.
Si le pécheur invoque ton secours,
De Dieu sur lui tu suspends la justice :
Pour le sauver tu prolonges ses jours.
Jamais en vain, ô divine Marie !
Aucun mortel n'implora ton pouvoir. } bis.
   Que j'aspire, ô Mère chérie,
   A te voir aux cieux, à te voir !

Le nautonier, jeté loin du rivage,
Bravant la foudre et les flots en fureur,
Mêle ton nom aux éclats de l'orage,
Puis il s'endort en ton sein protecteur.
Aux jours d'épreuve, ô divine Marie !
A ton autel daigne me recevoir,
   Car j'aspire, ô Mère chérie,
   A te voir aux cieux, à te voir !   } *bis.*

Parfum divin, rose mystérieuse,
Que tous les cœurs pour toi brûlent d'amour !
Porte du ciel, ô Reine glorieuse,
Entre tes bras que je m'endorme un jour !
Aimable Reine, ô divine Marie !
Souris enfin à mon plus doux espoir ;
   Car j'aspire, ô Mère chérie,
   A te voir aux cieux, à te voir !   } *bis.*

NOTRE-DAME DES ANGES.

Il est au fond des bois, dans un lieu solitaire,
   Un sanctuaire révéré ;
On y voit sur le soir, près d'une sainte en pierre,
   Quelque pèlerin prosterné ;
   Mais rien ne trouble le silence
   De la métropole des bois ;
   L'oiseau sur l'arbre se balance,
   Et fait seul entendre sa voix !

   Chantons Notre-Dame des Anges !
   Répondons aux accents des cieux,
   Et joignons nos humbles louanges
   A leurs concerts mélodieux !

Oui, dans ce lieu tranquille on reconnaît Marie,
   Marie et toute sa douceur,
Et son regard si pur, et sa grâce infinie
   Qui fait sourire la douleur.

Voyez-vous comme elle nous aime !
Quel oubli de sa majesté !
Elle a des fleurs pour diadème,
La Reine de l'éternité !
    Chantons, etc.

La colère est à Dieu quand l'homme l'injurie,
    Il a la vengeance et ses traits ;
Mais les dons de l'amour nous viennent par Marie,
    Elle n'a qu'un sceptre de paix.
    Il faut au pécheur un asile
    Contre le Seigneur courroucé ;
    Il faut à cet enfant débile
    Une main pour être bercé.
     Chantons, etc.

Et moi, puissé-je un jour, au soir de ma carrière,
    Y revenir à vos genoux,
Et vous y raconter mes combats et la guerre
    Où j'espère vaincre par vous !
    Puisse votre image chérie
    Longtemps encor charmer mes yeux !
    Puissiez-vous m'y trouver, Marie,
    Toujours chrétien, toujours heureux !
    Chantons, etc.

TRINITÉ.

INVOCATION AU PÈRE, AU FILS ET AU SAINT-ESPRIT.

Gloire à toi, Trinité profonde,
Père, Fils, Esprit saint : qu'on t'adore toujours,
Tant que l'astre des temps éclairera le monde,
Et quand les siècles même auront fini leur cours !

Source ineffable de lumière,
Verbe en qui l'Éternel contemple sa beauté,

Astre, dont le soleil n'est que l'ombre grossière,
Jour sacré, dont le jour emprunte sa clarté;

    Lève-toi, soleil adorable,
Qui de l'éternité ne fait qu'un heureux jour;
Fais briller à nos yeux ta clarté secourable,
Et répands dans nos cœurs le feu de ton amour.

    Prions aussi l'auguste Père,
Le Père dont la gloire a devancé les temps,
Le Père tout-puissant en qui le monde espère;
Qu'il soutienne d'en haut ses fragiles enfants.

    Guide notre âme dans sa route,
Esprit saint, instruis-nous de ta divine loi;
Remplis-nous d'un espoir qui triomphe du doute,
Et que jamais l'erreur n'altère notre foi.

    Jésus, sois notre pain céleste;
Que l'eau d'une foi vive abreuve notre cœur;
Ivres de ton esprit, méprisant tout le reste,
Daigne à tous tes enfants inspirer ta vigueur.

    Gloire à toi, Trinité profonde,,
Père, Fils, Esprit saint.: qu'on t'adore toujours,
Tant que l'astre des temps éclairera le monde,
Et quand les siècles même auront fini leur cours!

J. RACINE.

AU SAINT-SACREMENT ET ÉLÉVATION.

POUR L'ÉLÉVATION.

Oui, c'est Jésus qui daigne ici paraître
C'est l'Éternel, le Souverain des cieux;
Un voile obscur le dérobe à mes yeux;
Mais mon cœur sent qu'il est près de son maître.

Agneau divin, quelle ardeur vous anime !
Mourir pour moi fut peu pour votre amour :
Il faut encor que pour moi chaque jour
Sur cet autel vous deveniez victime.

O bienheureux ! chœurs immortels des anges,
Qui de si près contemplez mon Sauveur,
A mon amour unissez votre ardeur ;
A mes accents unissez vos louanges.

POUR LE SALUT.

O Roi des cieux !
Vous nous rendez tous heureux ;
Vous comblez tous nos vœux
En résidant pour nous dans ces lieux.

Prodige d'amour,
Dans ce séjour
Vous vous immolez pour nous chaque jour ;
A l'homme mortel
Vous offrez un aliment éternel.
O Roi des cieux, etc.

Seigneur, vos enfants
Reconnaissants
Vous offrent les plus tendres sentiments ;
Leurs cœurs sans retour
Veulent brûler du feu de votre amour.
O Roi des cieux, etc.

Chantons tous en chœur
Louange, honneur
A Jésus, notre aimable Rédempteur !
Chantons à jamais
De son amour les éternels bienfaits.
O Roi des cieux, ete.

SOUVENEZ-VOUS. — A LA SAINTE VIERGE

Reine du ciel, vierge Marie,
O vous! ma patronne chérie,
De tout mortel qui souffre et prie
    Souvenez-vous!   (*bis.*)
Vous, d'un Dieu virginale mère,
Qui des cieux rapprochez la terre,
Vous, par qui le pécheur espère,
    Priez pour nous!   (*bis.*)

O des élus fleur précieuse,
Rose blanche et mystérieuse,
De l'enfance aimable et pieuse,
    Souvenez-vous!   (*bis.*)
Si notre cœur au temps prospère
S'enfle d'orgueil, et pour la terre
S'il vous oublie, ô douce Mère!
    Priez pour nous!   (*bis.*)

Quand devant lui le ciel se voile,
Quand le vent déchire la voile,
Du voyageur, ô blanche étoile!
    Souvenez-vous!   (*bis.*)
Souvenez-vous de nos misères,
De nos larmes, de nos prières,
Des enfants qui n'ont plus de mères,
    Priez pour nous!   (*bis.*)

Du pauvre opprimé sans défense,
Du malade sans espérance,
Et du mourant sans assistance
    Souvenez-vous!   (*bis.*)
Reine des saints, reine des anges,
Recevez-nous dans vos phalanges,
Qu'au ciel nous chantions vos louanges,
    Priez pour nous!   (*bis.*)

ÉLÉVATION APRÈS LA COMMUNION.

Toi dont la puissance infinie
Du néant a fait l'univers,
O toi qui règles l'harmonie
Des globes roulant dans les airs,
Du haut de ton trône immuable,
Seigneur, daigne écouter nos chants ;
Prête une oreille favorable
Aux vœux de tes faibles enfants.

Descendez, ô chœurs angéliques,
Bienheureux embrasés d'amour !
Pour vous unir à nos cantiques,
Descendez des cieux en ce jour.
A notre douce et sainte ivresse,
Venez tous mêler vos transports,
Votre amour à notre tendresse,
Et vos accords à nos accords.

Tel qu'un monarque débonnaire,
Fuyant le faste de sa cour,
Descend jusqu'à l'humble chaumière
Où le pauvre fait son séjour :
Tel, et plus généreux encore,
Des cieux abaissant la hauteur,
Le Dieu que l'univers adore
Est descendu dans notre cœur.

Disparaissez, plaisirs fragiles,
Tristes voluptés d'un instant ;
Loin de moi, richesses stériles,
Honneurs, gloire, pompeux néant.
Je l'ai choisi pour mon partage,
Celui qui seul me rend heureux :
Enfant du ciel, pour héritage,
J'aspire à posséder les cieux.

Seigneur, en traits ineffaçables,
Grave en mon cœur ta sainte loi;
Rends-moi tes préceptes aimables,
Augmente l'ardeur de ma foi :
A nos vœux donne la victoire
Sur la superbe impiété,
Et nous célébrerons ta gloire
Dans l'immobile éternité.

POUR LES MORTS.

PARAPHRASE DU DIES IRÆ.

O jour plein de colère! ô jour plein de vengeance!
Jour où le Dieu qui donne et la vie et la mort,
Pesant tous nos péchés dans sa juste balance,
Pour une éternité fixera notre sort.

Qui pourra soutenir, dans ce jour effroyable,
Les terribles regards de ce Juge vengeur,
Quand sa main s'armera, pour frapper le coupable,
Des foudres éternels de sa juste fureur?

Le livre où sont écrits tous les péchés du monde
S'ouvrira redoutable aux yeux de l'univers,
Et les crimes cachés dans une nuit profonde,
Y seront malgré nous au grand jour découverts.

Le pécheur, impuissant à s'excuser lui-même,
Faisant alors l'aveu de ses honteux forfaits,
Prononce son arrêt avant l'arrêt suprême
Dont il ressent déjà les terribles effets.

O Seigneur, ô mon Juge! oppose à ta justice
L'amour du Rédempteur qui s'immola pour nous,
Fais que le souvenir de son sanglant supplice
Arrête alors ton bras et calme ton courroux.

La honte se répand sur mon triste visage;
Le crime sur mon front imprime sa laideur;
Mais je suis tourmenté mille fois davantage
Par les cruels remords qu'il excite en mon cœur.

Si tu n'étais pour moi qu'un juge redoutable,
Par quel moyen, Seigneur, pourrais-je te fléchir?
Ah! plutôt sois un père à cet enfant coupable;
Comme un père sur lui consens à t'attendrir.

Séparé des maudits qu'attendent les supplices,
Place-moi, bon Pasteur, au rang de tes agneaux:
Et que ton cœur m'admette au séjour de délices
Dont s'enivrent les Saints au céleste repos.

O jour triste! ô jour plein d'une amertume extrème!
O jour sombre et funeste! ô jour d'un Dieu vengeur!
Où celui qui châtie est le juge lui-mème,
Où le pécheur lui-même est son accusateur!

Si ta main nous punit, ta grâce nous pardonne;
Souvent au châtiment succèdent tes faveurs:
Maintenant, ô Jésus! venge-toi, frappe, tonne;
Mais, alors, contre moi n'use point de rigueurs.

Doux Sauveur, toi qui fais ma plus chère espérance,
Déploie en ma faveur tes infinis trésors;
Daigne sur les vivants répandre ta clémence,
Et dans un lieu de paix fais reposer les morts.

PARAPHRASE DU LIBERA.

Délivre-moi, Seigneur, de la mort éternelle,
Et regarde en pitié mon âme criminelle:
Stupéfaite, éperdue et tremblante d'effroi,
Cache-la sous ton aile au jour épouvantable,
Quand la terre et les cieux s'enfuiront devant toi,
Lorsque tu paraîtras si grand, si redoutable.

Tu reviendras alors dans ta majesté sainte,
Ebranlant l'univers tout frémissant de crainte,
Pour juger en ce jour les hommes consternés :
Jour cruel, jour de deuil, de troubles, de misères,
De clameurs, de sanglots, de regrets mérités,
De grincements de dents et de larmes amères !

En ce dernier des jours, si tes rigueurs extrèmes
Répandent l'épouvante en tes amis eux-mèmes,
Hélas ! que deviendra le pécheur réprouvé ?
En quel lieu fuira-t-il ta vengeance implacable ?
Si le juste lui-mème est à peine sauvé,
Que deviendrai-je alors, moi qui suis si coupable ?

Exauce, exauce, ô Dieu, mon ardente prière,
Détourne loin de moi le poids de ta colère :
Que je puisse, en ce jour, espérer le bonheur
De partager des Saints le repos ineffable ;
Sois alors et mon Père et mon tendre Sauveur,
Et prononce un arrêt qui me soit favorable.

POUR LA VISITE D'UN ÉVÈQUE.

A MONSEIGNEUR.

Conserve-nous longtemps, Seigneur,
   Notre guide fidèle ;
Garde au troupeau son bon pasteur,
   Au juste son modèle.

Comme un miel pur, ta loi toujours
   Découle de sa bouche :
Et plus encor que ses discours,
   Son exemple nous touche.
Conserve-nous, etc.

Au chrétien laisse encor longtemps
   Le flambeau qui l'éclaire ;

Longtemps encore à ses enfants
  Laisse un si tendre père.
Conserve-nous, etc.

Ne l'appelle à toi que vieillard,
  Diffère son attente;
Et si le prix lui vient plus tard,
  Que ta bonté l'augmente.
Conserve-nous, etc.

A NOTRE-DAME DE PERSÉVÉRANCE.

A tes pieds, ô Mère chérie!
Nous venons tous nous réunir;
Encore une fois, ô Marie!
Etends ton bras pour nous bénir.

Nous pleurons sur la terre,
Tu règnes dans les cieux;
Protége, heureuse Mère,
Tes enfants malheureux.
    A tes pieds, etc.

Ta prière puissante
Est l'espoir des pécheurs;
Mère compatissante,
Offre à Jésus nos cœurs.
    A tes pieds, etc.

Jésus, sur le Calvaire,
Nous remit en tes bras;
Il savait que sa Mère
Ne nous oublierait pas.
    A tes pieds, etc.

Tu portes nos misères;
Tu veux notre bonheur;

Et tous les cœurs de mères
Semblent être en ton cœur.
   A tes pieds, etc.

C'en est fait, je n'aspire
Qu'au bonheur de t'aimer;
Ah! plutôt que j'expire
Avant de t'oublier.
   A tes pieds, etc.

A tes pieds, ô ma Mère!
Je veux vivre et mourir;
Ton nom soit ma prière,
Soit mon dernier soupir.
   A tes pieds, etc.

APRÈS LA COMMUNION.

Qu'ils sont aimés, grand Dieu, tes tabernacles!
Qu'ils sont aimés et chéris de mon cœur!
Là, tu te plais à rendre tes oracles;
La foi triomphe, et l'amour est vainqueur. *bis.*

Qu'il est heureux celui qui te contemple,
Et qui soupire au pied de tes autels!
Un seul moment qu'on passe dans ton temple
Vaut mieux qu'un siècle au palais des mortels. *bis.*

Je nage au sein des plus pures délices;
Le ciel entier, le ciel est dans mon cœur.
Dieu de bonté, de faibles sacrifices
Méritaient-ils cet excès de bonheur? *bis.*

Autour de moi les Anges en silence,
D'un Dieu caché contemplent la splendeur :
Anéantis en sa sainte présence,
O Chérubins, enviez mon bonheur! *bis.*

Et je pourrais à ce monde qui passe
Donner un cœur par Dieu même habité !
Non, non, mon Dieu, je puis tout par ta grâce : } bis.
Dieu, sauve-moi de ma fragilité.

En souverain règne, commande, immole,
Règne surtout par le droit de l'amour.
Adieu, plaisirs ; adieu, monde frivole, } bis.
A Jésus seul j'appartiens sans retour.

BONHEUR DU CIEL.

Sainte cité, demeure permanente,
Palais sacré qu'habite le grand Roi,
Où doit un jour régner l'âme innocente,
Quoi de plus doux que de penser à toi !
    O ma patrie !
    O mon bonheur ! } bis.
    Toute ma vie
  Sois le vœu de mon cœur.

Tes habitants ne craignent plus l'orage ;
Ils sont au port, ils y sont pour jamais ;
Un calme heureux devient leur doux partage :
Dieu dans leur cœur verse tous ses bienfaits.
    O ma patrie ! etc.

Puisque Dieu seul est notre récompense,
Qu'il soit aussi la fin de nos travaux !
Rappelons-nous qu'un moment de souffrance
Mérite au ciel un éternel repos.
    O ma patrie, etc.

TABLE.

FIN.